MANUEL ALBERGARIA DE ALMEIDA BAPTISTA

A Pré-História da Sociologia

MANUEL ALBERGARIA DE ALMEIDA BAPTISTA

Pré-história da Sociologia

A evolução das ideias sobre o social
dos primórdios até Auguste Comte

editor Marcel Lopes
coordenação editorial Paula Cajaty
revisão e adaptação Inês Carreira
projecto gráfico Bookxpress
imagem da capa Shutterstock

Título
A Pré-História da Sociologia
Autor
Manuel Albergaria de Almeida Baptista
Impressão
Europress Indústria Gráfica

ISBN 978-989-9069-50-3
e-ISBN 978-989-9069-51-0
1ª edição: fevereiro, 2024
Depósito legal 528449/24

BOOKXPRESS
rua Veloso Salgado 15 A
Avenidas Novas CP 1600-216
Lisboa, Portugal
tel. [+351] 933 937 373
editoragatobravo@gmail.com
editoragatobravo.pt

Dedico este livro a Manuel Cerveira
de Almeida Baptista (meu pai e um
homem genial) e ao Dr. António
Ferronha (amigo e ilustre professor
de Filosofia) que com a sua sabedoria
me auxiliou a elaborar este trabalho
para Sociologia Jurídica (cadeira do
1.º ano da Licenciatura em Direito, em
1993/98). Sem a sua colaboração,
este livro não existiria.
Agradeço toda a sua atenção, amizade,
sapiência, paciência e apoio (apesar
de estar com uma doença oncológica
em fase terminal nessa altura).
Eles estão com toda a certeza no Céu.

Sumário

"A SOCIABILIDADE VERIFICA-SE qualquer que seja o estágio civilizacional que se atravesse: nomeadamente, não depende da evolução da técnica. E porque se trata de uma determinante da sua natureza se diz que o homem é um animal social. Isto continha-se já na afirmação de Aristóteles de que o homem é um animal político, visto de que político provém de polis, cidade. O homem tem, pois, necessariamente de se congregar em cidades, em agrupamentos, para assegurar a sua subsistência e a realização de seus fins.

É certo que nos séculos XVII a XIX foi muito coerente a afirmação de que o estado social teria sido precedido por um estado de natureza, em que o homem viveria isolado dos seus semelhantes, livre de toda a vinculação permanente. Desse estado, de gozo ou de sofrimento, consoante a orientação dos autores, ter-se-ia transitado, mediante um acordo entre os homens chamado "contrato social", para a agregação social."

— José Oliveira Ascensão,
in "O Direito: introdução e teoria geral".

PARTE I

---

*As linhas mestras teóricas sobre o Social desde
a Antiguidade até Auguste Comte*

A Filosofia do Social na Antiguidade

EM SOCIOLOGIA, COMO EM OUTRAS CIÊNCIAS, a filosofia do social precedeu a ciência positiva do social.

Também os filósofos deste campo procuraram, primeiro, determinar os princípios normativos da organização social, ou seja, as regras de como esta deve ser. No entanto, às suas considerações axiológicas ou regulativas junta-se, por vezes, um esforço racional para analisar objetivamente condições da vida em sociedade. É neste sentido que alguns dos mais célebres profissionais do pensamento são considerados precursores da sociologia.

Na Antiguidade, Platão, Aristóteles e os estoicos surgem como os mais importantes investigadores dos fundamentos da organização política, sendo, a justo título, considerados os mais remotos precursores desta disciplina.

A Sociologia jurídica em Platão: uma visão racionalista e comunitária

A política de Platão está ligada à sua teoria dos dois mundos. No *cosmos noentos*, as ideias são as essências, os bens hierarquizados, "todos eles postos com ordem e de acordo com a razão" (Rep. VI, 500); devem servir de modelo à constituição e manutenção da sociedade política. As classes sociais correspondem, segundo Platão, às três partes da alma:

- A classe trabalhadora à parte concupiscível que deve obedecer à razão;

- A classe militar à parte irascível que deve defender a sociedade contra inimigos externos e internos;
- A classe dirigente à parte racional (a inteligência pura) e, por isso mesmo, formada pelos filósofos. E isto porque estes são os mais competentes dos cidadãos para governar e administrar o Estado.

A hierarquia de classes, tal como vem descrita na sua forma mais extremista, na *República* e também nas *Leis*, esta já mais moderada, corresponde à hierarquia das funções que, por sua vez, refletem a ordem e proporção matemáticas que reinam no universo. Os estudiosos de Platão puseram em evidência o esforço deste para tratar, de maneira científica, os fatos econômicos e sociais, por exemplo, as análises feitas por Platão sobre as condições geográficas e demográficas (Leis, IV, no princípio, e V, no fim; Leis, V, 637-740 e no fim, Rep., V, 460) do estabelecimento do Estado, quando enuncia a importância da lei da divisão do trabalho (Rep., II 369, V 374) e quando ele vislumbra antes de Durkheim, o caráter moral das solidariedades que daquela derivam (Rep., V 473). Há mesmo quem o considere um precursor do materialismo histórico, quando este filósofo coloca, em primeiro plano, o problema da propriedade, ou melhor dito, da comunidade dos bens, já não numa perspectiva idealista e a priori, mas corolária científica da repartição efetiva das riquezas, o que significa tomar consciência da importância dos fatos econômicos e dos antagonismos de classe, já tão vivos na sua época. Vale a pena lembrar a este respeito o seu lapidar pensamento de dialéctica política: "Um Estado implica sempre, pelo menos, dois que estão em guerra um contra o outro: o dos ricos e o dos pobres" (Rep., IV, 422). São vários os críticos que o comparam sobretudo Auguste Comte como refere L. Robin (na sua obra *Platon et la science*, in *la pensée Héllenique des origines à epicure*): "Auguste Comte fez da política uma concepção muito próxima da visão de Platão".

A sociologia jurídica de Aristóteles:
uma perspectiva democrática

Mais realista é o ponto de partida de Aristóteles que refletiu sobre uma série de monografias que elaborou sobre 158 constituições de Estados gregos e estrangeiros, das quais uma só (a Constituição dos Atenienses) chegou até nós. Da observação e análise dessas constituições, procurou abstrair as leis gerais da vida dos homens em sociedade. No entanto, a sua concepção da sociedade também sofre influência da sua perspectiva filosófica que, aliás, se faz sentir muitíssimo na sua *Política,* que fica subordinada à concepção da física da natureza: "o homem é, por natureza, um animal político" (Pol. I, 1253). Para ele, a sociedade humana difere das sociedades animais pelo grau de estruturação: aquela tem por objetivo não apenas um "viver" biológico, mas sobretudo um "viver bem", de acordo com a natureza ontológica do homem.

A sociedade existe para a realização dos fins próprios da perfeição da espécie humana. As sociedades são organizações naturais por serem absolutamente necessárias para que os homens mais facilmente alcancem a felicidade com plena atuação da pessoa humana.

Ao contrário de Platão, este filósofo defendeu a família como a mais natural das comunidades, por ser a unidade primordial, baseada no matrimônio e na propriedade privada.

O Estado é a "cidade" que é uma associação organizada de famílias para tornar os homens felizes com a entreajuda coletiva. Dito de outra maneira, o Estado é uma comunidade moral que deve colaborar nesta finalidade e é, em vista dela, que a sociedade se deve organizar.

Encontramos em Aristóteles reflexões bastante claras e precisas sobre certos fenômenos econômicos como, por exemplo, o do comércio. Ele mostra como se passa de uma simples troca de serviços à permuta e depois à economia monetária, em que a moeda passa a ser uma espécie de meio termo entre os valores a medir. Esboça a este propósito uma curiosa teoria do valor. Sabe-se, enfim, com que insistência, Aristóteles se esforçou em várias passagens da Política e da Ética a Nicômaco, por justificar a escravatura, fundamentando-a na inferioridade natural e racial de certos homens, ideia que Platão tinha, aliás, combatido.

O naturalismo comunitário dos estoicos

Também nestes filósofos, a política está intrinsecamente dependente da sua metafísica panteística. Partiu do princípio de que todos os seres do universo são constituídos por matéria e razão, formando uma espécie de comunidade dos seres humanos. A razão manifesta-se sobre dois aspectos: o da ordem e da harmonia, que ela faz reinar no universo, e o da tensão, ou esforço para dar unidade às diferentes partes do universo. O ideal estoico obriga à identificação com o Universo Divino, realizando em nós e fora de nós a ordem e a unidade de que a natureza é modelo. Esta ordem impõe o respeito dos direitos dos outros, a superação da guerra e das fronteiras, a fim de se formar um só povo e uma só família. A razão que anima o mundo é a mesma que anima os homens: cada um de nós pela sua razão participa da razão universal. Daí os estoicos defenderem a universalidade do direito natural, que Cícero, no De Legibus I, VI, definiu, segundo Crísipo, como sendo "a regra suprema, gravada na nossa natureza, que prescreve o que se deve fazer e proíbe o contrário" ("*ratio summa, insita in natura, quae jubet ea quae facienda sunt prohibetque contraria*"). Daí falar-se também do cosmopolitismo estoico para que se possa dizer que determinados fatos são científicos, é preciso inseri-los em leis. Sem a descoberta destas relações universais e necessárias que os regem, isto é, sem o conhecimento do seu determinismo dos fenômenos, não se pode falar da ciência.

Proponho, agora, fazer uma breve resenha de como esta ideia de causalidade positiva se foi lentamente, através dos séculos, libertando e descobrindo à razão humana investigadora. A lei aparece, primeiro, como uma necessidade de uma ordem eterna e providencial, fruto da Vontade Divina, de que a ordem natural é o reflexo. Só praticamente no século XVIII e XIX é que os cientistas rompem com o providencialismo e abraçam o positivismo.

As perspectivas sociológicas no Cristianismo primitivo e medieval: a lei eterna e natural

S. Agostinho (354-430)

A DOUTRINA DE CRISTO NÃO É FILOSÓFICA, mas inspirou reflexões filosóficas sobre o social. Este pensador cristão sustentou uma doutrina parecida com a de Platão. Um dos dogmas da Igreja sustentava a queda e redenção dos homens, o que é o mesmo que defender uma concepção meta-histórica da libertação do homem. Influenciado pelos neoplatónicos e por esta teologia, S. Agostinho redigiu face à Cidade de Deus (415-426) que é, na realidade, a história da sociedade humana (em que o egoísmo e o vício são simbolizados pela cidade terrena romana e a sua história de paganismos e vícios), em luta contra o amor de Deus e em marcha para a perfeição espiritual e o Céu, de acordo com os livros sagrados. A evolução histórica do gênero humano está submetida, como aliás, todo o universo, à Providência Divina que o homem, por pior que seja, não pode perturbar ou impedir. Aquela obra é "o primeiro grande ensaio de filosofia da história", como diz Labriolle.

No entanto, os doutores da Igreja dos primeiros séculos, nas suas análises dos fatos sociais, colocam-se quase sempre num ponto de vista moral. Compreende-se facilmente que, ao fundamentar-se sobre os princípios de "que os bens da terra foram dados em comum a todos os homens", eles façam severas críticas à propriedade privada. S. Ambrósio escreveu, sem qualquer receio, no seu *De oficiies* (I, cap. 28): "foi a natureza que gerou o direito de comunidade; foi o abuso que deu origem ao direito de propriedade privada" (*"natura jus commune generavit, usurpatio ius fecit privatum"*).

S. Tomás (1227-1274)

Com este filósofo, autor da monumental e famosa *Summa Theologica*, a Igreja regressa ao ponto de vista de Aristóteles. Também para ele, a sociedade civil tem as suas raízes na própria natureza humana, sendo, por isso, o meio natural para o homem atingir o seu objectivo que é o bem comum a todos os membros da sociedade. Se os homens forem dominados por um regime tirânico, devem resistir. Admitiu o princípio de que a lei é a vontade "da multidão ou do príncipe (Chefe de Estado) como representante da multidão", tese retomada pelos teólogos do século XVI, como Belarmino (1542-1625) e Suarez (1548-1617), com o objetivo de defender a supremacia do poder moral e espiritual contra a arbitrariedade dos reis. Pode defender-se que S. Tomás possa inclinar-se para um certo absolutismo teocrático ao afirmar a supremacia do poder espiritual, que aliás, S. Agostinho já tinha tentado justificar curiosamente pelo pecado original. S. Tomás defende a legitimidade da escravatura por a considerar do interesse do senhor (dono) e do escravo. A doutrina da mobilidade ou historicidade da Providência na Terra, defendida por Agostinho, dá lugar à noção de estabilidade das instituições sociais, de estruturação, de fixidez, tão do agrado dos pensadores gregos, ideia que dominará até ao século XVII.

O empirismo nominalista

No século XIV, entretanto, o movimento experimentalista foi desencadeado por Guilherme d'Ockham e outros pensadores cristãos ingleses, tais como Nicolau Oresmo, que traduziu a Política de Aristóteles, defende pontos de vista mais realistas no seu Tratado da Primeira invenção da moeda (1370).

A pré-sociologia nos séculos XVI e XVII: a confusão da ordem eterna e natural

O RENASCIMENTO TRAZ CONSIGO o regresso do idealismo platônico e com ele, o florescimento das utopias, que descrevem cidades de felicidade, ideais, dotadas de organização mais ou menos comunitária, tais como a Utopia de Tomás Morus (1518), a Cidade do Sol do dominicano Campanella (1625).

Ao idealismo destes escritores opõe-se o realismo e pragmatismo dos panfletários, por exemplo, de Maquiavel no Príncipe (1532), de *La Boetie* no Discurso sobre a Servidão Voluntária (1541), enquanto que, na sua República (1577), Jean Bodin se torna o teórico da monarquia moderada, Albericus Gentilis, no De Jure Belli (1558) que anuncia a teoria do "direito natural" que os juristas do século XVII desenvolverão, como Althusius em Política *Methodica Digesta* (1603), Hugo de Groot (Grotius) no *De Jure Belli et pacis* (1625), *Pufendorf no De Jure Naturae at Gentium* (1672).

Este naturalismo jurídico será cultivado no século seguinte pelo filósofo alemão Wolf (*Jus Naturae*, 1740-48) e pelo jurisconsulto suíço Burlamaqui (Princípios do Direito Natural, 1747).

No final do século XVII publicam-se vastas sínteses teóricas, mas de inspiração bíblica, como a Política Tirada das Escrituras Santas (publicada em 1709) de Bossuet, o Tratado teológico-político (1670) e o Tratado Político (1677, póstumo) do filósofo português Espinosa; outras, de espírito mais positivo e realista, principalmente o De Cive (1642) e o Leviathan

(1651) de Hobbes, obras que sugerem uma teoria antecipada do Estado totalitário. Nas Cartas sobre a Tolerância (1667) e nos dois Tratados do Governo (1689), Locke defende, em oposição ao absolutismo de Hobbes, concepções liberais.

Século XVI e XVII: o nascimento do método comparativo

No seu conjunto, o pensamento do século XVI é, sobretudo, dominado pelo apriorismo racionalista que se mantém ligado à noção de estabilidade, de fixidez das instituições sociais. No entanto, nos últimos anos do século XVII, a estas construções dos teóricos, aparecem as narrações de viajantes e missionários que descrevem os costumes exóticos dos povos a que chamam selvagens. O século XVIII explorará novos dados, o que provocará o aparecimento de grandes compilações das quais a mais reputada é o Espírito dos usos e costumes dos diferentes povos de Jean Meunier (1778). Os curiosos começam a interessar-se, fazem paralelismos e aceitam diversos costumes e crenças numa humanidade universal. Assim, da comparação com o bíblico (tendo como parâmetros os costumes unicamente válidos dos antigos hebreus), passa-se à "comparação mediterrânica" e depois à "comparação universal". A ideia da normal relatividade dos usos e costumes no espaço e no tempo (especialmente o P. Lafitau, *Moeurs des Sauvages Amériquains Comparies aux Moeurs des premiers temps*, 1724) está a começar a nascer nas mentalidades, mas levará tempo a impor-se.

O século XVIII: o contributo da filosofia política

O século XVIII é uma continuação do século XVII. De dogmático que foi e ainda era, o racionalismo faz-se crítico das instituições e dos valores e começa a atacá-los, até aí considerados intocáveis e eternos. Mas os temas continuaram a ser tratados abstratamente, utilizando-se um método de construção puramente conceptual, análogo ao utilizado pelos matemáticos e preconizado por Descartes. É utilizando este processo hipotético-dedutivo que Rousseau escreve o Contrato Social (1762), não como se diz, por vezes, para explicar as origens da sociedade, mas para estabelecer os princípios do direito político, o Contrato é rigorosamente apenas uma obra da filosofia política e jurídica, nunca uma obra de sociologia nem de história das origens da sociedade. Isto não significa, no entanto, que no Contrato não se denotem pontos de vista sociológicos, sobretudo, quando Rousseau diz que o contrato social "produz um corpo moral e colectivo", com vontade própria, a vontade geral e quando distingue com cuidado esta "vontade geral" da "vontade de todos". Rousseau reteve-se no limiar de uma concepção sociológica da "vontade geral", por causa do seu postulado individualista. No entanto, G. Davy, na sua obra *Sociologues d'hier* acha que ele já se aproxima de um sociólogo contemporâneo, Marc Doujal. Podem ainda citar-se obras de filosofia política, e não de sociologia como o Code de la nate (1755) de Horelly, as *Entretiens de Phocion*, o *Rapports de la morale avec la politique* (1763) de Mably, o *Système Social* do Barão d'Holbach (1773), os escritores políticos de Voltaire, etc. Estes dois últimos professam mesmo um artificialismo científico, muito pouco sociológico. Segundo eles, as instituições sociais, sobretudo religiosas, teriam sido impostas deliberadamente aos homens pela astúcia ou pela prudência dos reis e dos padres.

O contributo das novas ciências

A filosofia providencialista da História
A prestação do século XVIII para o aparecimento de um novo tipo de explicação dos factos sociais pode considerar-se excelente, tendo em vista que se opõe claramente àquele artificialismo, atrás citado. Passa a defender-se a tese de que os fatos sociais, como quaisquer outros, obedecem a leis. Até ao século XVIII o curso dos acontecimentos humanos é encarado à luz da vontade divina e neoplatônica. Disso são prova

eloquente Bossuet e S. Agostinho. Quatro ciências contribuíram poderosamente para uma abordagem positiva dos fatos sociais: a filosofia da história; S. Agostinho já tinha imaginado no século XVI a história da humanidade como uma espécie de maravilhoso poema que se vai compondo através dos tempos. Como interpretar este poema da evolução? Qual a chave para o decifrar? Que lei rege as transformações humanas? Descobrir a lei mais geral que preside à eclosão de todos os acontecimentos humanos foi a ambição de todos os pensadores que se dedicam à historiologia ou filosofia da história. Um dos criadores desta disciplina foi o pensador árabe Ibn Khaldoun (1332-1406). Bossuet, pensador e orador francês, que escreveu em 1681 *Disc sur l'Histoire universelle*, sustentou que os acontecimentos históricos obedeciam a um plano providencial, segundo o qual o nascimento, a vida e a morte dos Impérios Antigos gravitam, primeiro, à volta dos interesses messiânicos do povo judeu e, em seguida, após a vinda de Cristo, passaram a girar à volta dos interesses espirituais da Igreja. O século XVIII está bem mais próximo da interpretação positiva do que a centúria anterior, apesar de continuar a respeitar a ideia da providência, isto é, da ordem desejada e traçada por Deus. Entre os pensadores que fazem a ponte entre as concepções providencialistas antigas e tradicionais e as metodologias positivas modernas, temos Vico e Herder, que já procuraram nas suas reflexões sobre os acontecimentos sociais, apreender uma lei geral que explique o próprio proceder desta providência.

Giambattista Vico, autor de os Princípios de uma ciência nova (1725, 1730, 1744) identifica as três idades sucessivas e cíclicas, pelas quais obrigatoriamente passaram e continuarão a passar todas as civilizações: a Idade Divina (teocracia), a Idade Heroica (das guerras) e a Idade Humana (predomínio da razão). A razão humana poderá explicar todos os acontecimentos referindo-os a esses três estádios. Auguste Comte inspirar-se-á nesta lei para imaginar a sua famosa lei dos três estádios. Sobre este autor que nos merece uma consideração especial, veja-se o capítulo dedicado a ele no final deste trabalho.

G. Herder, autor das Ideias sobre a Filosofia da História da Humanidade (1784-91), acha que a ordem de perfeição, desejada e determinada por Deus, se identifica com o esforço criador, imanente à própria natureza. Segundo ele, esta tende, através da multiplicação das espécies, para o modelo mais excelente, isto é, para a meta suprema do desenvolvimento progressivo das forças cósmicas, ou seja, para o seu fim ideal: a sociedade humana, segundo ele, "as forças vitais que se encontram no homem são os motores da história". Com tais ideais, Herder profetiza, ao mesmo tempo, o aparecimento da Filosofia da História (1837, póstumo) de Hegel e a *Antropogeografia* de Ratzel.

O contributo francês para a Filosofia da História, neste século, é insignificante, embora, os pensadores estejam também de acordo que a chave explicativa para o desenvolvimento humano se deve encontrar numa sequência de acontecimentos causais encadeados deterministicamente. São as conclusões que podemos tirar, por exemplo, do Ensaio sobre os Costumes (1756) de Voltaire, que não é, porém, um autêntico sociólogo, em virtude de, nas suas análises, continuar a fazer apelo ao artificialismo das explicações, à aceitação do acaso, à crença na imutabilidade da natureza humana. Apesar disso, tem já a percepção de que há um devir histórico na sociedade, ao sustentar, por exemplo, que as instituições demoram séculos a constituírem-se. Embora a ponte como motor da história social e ação dos grandes homens, está também a influência dos costumes e ação dos povos. Não deixa de apontar outros pequenos fatores que lhe permitam inferir algumas constantes sociológicas, como o poder de opinião ou a necessidade de ordem que impedem a sociedade de se enfraquecer, de se desagregar, e de se perder.

Condorcet é mais otimista que Voltaire: na sua obra Quadro histórico dos progressos do espírito humano (1794), aponta o progresso como a causa do desenvolvimento da humanidade. A história da sociedade está, segundo ele, "submetida a leis gerais". Assim como "o homem pode predizer com segurança, quase absoluta, os fenômenos, cujas leis conhece", assim também ele será capaz de prever, nas suas grandes linhas, os progressos da sociedade e de dirigi-los.

O direito comparado

Esta necessidade de explicar as mudanças sociais por meio de leis aparece com mais clareza e com maior precisão em Montesquieu, que tem sido considerado o verdadeiro precursor da sociologia. Na obra *Grandeur et décadence des Romains* (cap. XVIII) ele declara, contra Voltaire, que "não é o acaso que domina o mundo... Há causas gerais, quer morais, quer físicas, que atuam em cada monarquia, a fazem crescer, a mantêm ou a precipitam". A mesma ideia dominante se pode constatar no Espírito das Leis (1748, quando ele toma uma atitude que já parece a de um positivista: "diz-se aqui o que é (os fatos sociais) e não o que deve ser (os imperativos éticos)" (livro IV, cap. II). Esta ideia transluz de novo quando, a título esclarecedor, acrescenta que "nesta diversidade de leis e de costumes" que a história nos apresenta, os homens "não são unicamente conduzidos pelas suas fantasias". A leitura das suas obras revelam que se esforçou meritoriamente por demonstrar, utilizando o método próprio da investigação histórica e da observação comparativa, que as constituições políticas e as instituições jurídicas não dependem da arbitrariedade dos legisladores, mas sim de certas relações de causalidade necessárias entre as coisas da natureza. Estas teses levaram Eug. Ehrlich a considerar o Espírito das Leis como o "primeiro ensaio de uma construção séria de uma sociologia do Direito".

A economia política

Antoine de Montchrétien publicou, em 1615, um Tratado de Economia Política, que de teórico pouco tem, limitando-se a enunciar algumas fórmulas puramente práticas. No século seguinte, Adam Smith, em Inglaterra, e os fisiocratas em França, chefiados pelo seu fundador, o médico Quesnay, autor do Quadro Econômico (1758), sustentaram a existência de leis naturais no campo econômico e procuraram fazer da economia política uma ciência. Além destes, outros autores exprimem a mesma preocupação científica até no título dos seus trabalhos, como é o caso de Mercier de la Rivière, na sua obra *Ordre Naturel et Essentielle des Sociétés Politiques* (1767), e de Dupont de *Nemour na Physiocratie* (1768), uma coleção das obras de Quesnay, onde se fala das "leis físicas, relativas à sociedade, o que faz pensar já na física social de Comte. Este autor fala mesmo de uma "ciência nova", expressão já utilizada por Vico e que será retomada pelos discípulos de Saint-Simon para designar a sociologia.

Adam Smith, autor do livro Pesquisas sobre a natureza e as causas da riqueza das nações (1776), ainda não emprega a expressão "leis econômicas", mas pelo fato de defender que toda a vida econômica – a troca, a divisão do trabalho, a moeda, etc. – resulta das tendências espontâneas da natureza humana, podemos concluir que, para este economista escocês, se impõe, como tarefa necessária, a descoberta de uma ordem natural no mundo da economia. Outro escocês, Adam Ferguson pode também ser considerado um precursor da sociologia. Na sua *History of civil society* (1767), serviu-se de dados etnográficos para esboçar uma classificação das sociedades e uma divisão da história humana em três grandes épocas: selvagem, bárbara e civilizada, ideias que encontraremos em Lewis Morgan, na sua *Ancient Society*.

A estatística

O século XVIII vê a estatística tornar-se uma disciplina das matemáticas aplicadas ao procurar fazer o agrupamento metódico dos fatores sociais em termos numéricos e segundo a teoria das probabilidades, tal como a entendemos hoje. A estatística, conforme a etimologia indica, fora inicialmente uma ciência descritiva do Estado (em italiano, *Statista*, quer dizer, homem de Estado). Assim foi o termo entendido, quer no século XVI pelo italiano Sansovino, autor do *Del Governo dei Regni* e *Repubbliche antiche e moderne* (1567), quer nos séculos xvii e xviii pelos alemães H. Conring (1606-81) e Gottfried Achenwall (1719-72) que os estudiosos pensam ter sido o criador da palavra *statistik*. Graças aos trabalhos dos aritméticos ingleses, John Graunt (1720-74) que estudou numericamente os fenômenos demográficos (*Natural and political observations upon the bills of mortality*, 1662) e William Petty (1623-87), que publicou *Political Arithmetic* (1690), os estudos estatísticos tornam-se agora quantitativos.

Em 1741, o pastor Sussmilch (1707-67), capelão do exército de Frederico, o Grande, publicou o primeiro trabalho de estatística demográfica, mas ainda elaborado com algum providencialismo ingênuo (*Die Gottliche Ordnung in den Veranderungen des Menschlichen Geschelechts*). A partir daqui, as investigações numéricas dos fatos sociais não pararam, do que damos a seguir algumas amostras. Em 1692, o astrônomo inglês Halley publicou uma tabela e mortalidade. Em 1746, Deparcieux publicou as primeiras tabelas de mortalidade francesa (*Tables de mortalité française*). Em 1778, Moheau oferece ao público da sua época as suas importantes pesquisas e considerações sobre a população de França (*Recherches et Considerations sur la population de la France)*. Mais tarde, o matemático belga Quételet (1796-1884), no seu trabalho Sobre o homem e o desenvolvimento das suas faculdades ou Ensaio de física social (1835), reeditado em 1869 com o título de Física social (*Physique Sociale*), faz uma aplicação do método estatístico aos fenômenos morais e constituirá uma teoria do "homem médio". Graças à introdução da estatística na sociologia, esta ganhará a precisão dos métodos quantitativos, mas não se desenvolverá verdadeiramente senão no decorrer do século xix, graças ao trabalho de Achille Guilherd, criador da palavra "demografia" (1855), na sua obra Elementos de Estatística Humana (ou *Démographie comparée*), e ainda aos de R. Benini, D'A. Bowley, de Lucien March, de G. Von Mays, de F. Simiand, de M. Halbwalhs, etc.

Os contornos da tese – de que os fatos sociais obedecem a leis – começam, pois a precisar-se e a impor-se. A introdução da ideia de regularidade matemática ou estatística não rompe com os pressupostos teológicos e providencialistas do século precedente é que, para a maioria deles, a "ordem natural" reflete a sabedoria e a bondade divinas, sendo, por isso mesmo, única, imutável, excluindo à partida toda e qualquer modificação. Por exemplo, em França, Mercier de la Rivière cita, em epígrafe, no seu livro, uma frase de Malebranche que afirma a soberania da ordem eterna e Sussmilch, já citado antes, interpreta as regularidades estatísticas como um efeito da vontade divina. Inspirando-se nesta teoria da "ordem natural" imutável, de Bonald (1754-1840), limita-se a aplicar as ideias providencialistas à sua Teoria do Poder (*Théorie du Pouvoir,* 1796), isto é, transporta-os para o terreno político para delas deduzir que somente a ordem teocrática e monárquica está de acordo com a natureza e que qualquer outro regime é, como se dirá mais tarde, "anti-físico".

Giambattista Vico: biografia, contexto cultural e pensamento

Nasceu em Nápoles, a 25 de junho de 1668, de uma família muito pobre. Na infância sofreu uma fratura do crânio, que deve ter condicionado o seu comportamento tristonho e, por vezes, ressentido. Na adolescência, frequentou a jurisprudência de "*monsignor*" Francesco Verde, onde estudou literatura, filosofia, direito e, durante algum tempo, medicina. Por volta de 1687, entrou para o serviço dos Rocca, marqueses de Vatolla, como preceptor, permanecendo com eles até 1695, e com eles residindo, alternadamente, em Nápoles, Portici e Vatolla. Seguidor, desde a sua juventude, do profundo renovamento da cultura napolitana, provido por Tommaso Cornelio, Lionardo di Capua e Francesco d'Andrea, e ligado a alguns dos jovens lucrecianos que, devido às suas doutrinas atomísticas e ateias, sofreram um processo do Santo Ofício, iniciou a sua carreira literária publicando, em 1693, os Afetos de um desesperado (*Affetti di un disperato*), onde, com fortes tons lucrecianos, é objetivado um pessimismo desolado particularmente cósmico.

Dedicou-se, depois, a composições de circunstância, em prosa e em verso. Em 1699 entrava para a Academia Palatina, onde viria a dar uma importante lição publicada postumamente, sobre as Refeições Suntuosas dos Romanos (*Cene Sontuose dei Romani*). No mesmo ano, quase ao mesmo tempo que casava com Teresa Caterina Destito (que lhe daria oito filhos), era nomeado por concurso a professor de Retórica na Universidade de Nápoles, contemplado com uma bolsa de cem ducados anuais. Seis publicações inaugurais, que foram recusadas e publicadas só postumamente, refletem o eco dos diversos filósofos estudados pelo autor na sua juventude, nomeadamente de Descartes (Discursos inaugurais). Outras publicações detêm um valor totalmente diferente, como um trabalho histórico (composto em 1703, mas publicado também postumamente) sobre o fracasso da conjura napolitana, que extraiu o seu nome do príncipe de Macchia (1701), e ainda um sétimo discurso, Critério dos estudos do nosso tempo, proferido em 1708 e publicado pelo próprio autor, com muitos acréscimos, em 1709. Nesta obra, Vico procura ser original e árbitro, ao lançar sobre cada ramo da ciência uma nova luz, e ao entrar na antiga "*querelle des anciens et des modernes*", entre racionalistas e empiristas. Continua a defender o primado do racional ou filosófico e chega a posições mais avançadas, tanto no seu *Libermetaphysicus* (1710), o único volume publicado dos três de que deveria ter constado o Da antiquíssima sabedoria dos itálicos (*Dell'antichissima sapienza degli Italici*), como nas duas Respostas (*Riposte*, 1711 e 1712) a críticas ao Liber, inseridas no *Giornale dei letterati d'Italia*. A partir de então, para ele o fundamento do conhecimento já não é, cartesianamente, a evidência da percepção ou ideia clara e distinta, sinal precursor do historicismo de um Kant, um Hegel ou de um Croce, ao defender a "conversão do verdadeiro" em fato, no sentido de que a "*conditio sine qua non*" (a condição absoluta) para conhecer efetivamente uma coisa é fazê-la. Completa a sua gnoseologia com um sistema metafísico de cosmologia, cuja originalidade reside na teoria dos chamados "pontos metafísicos", inspirada no ponto geométrico, que, embora não tenha superfície, dá origem a linhas ou superfícies. Assim, deveria ser lícito falar de pontos já não geométricos, mas metafísicos, os quais, se bem que não apresentando superfícies, geram, contudo, a extensão. A este *Liber metaphysicus* deverai ter-se seguido (além de um *Liber moralis*, nunca escrito), um *Liber physicus*, talvez apenas esboçado e onde (como se pode deduzir da autobiografia) seria exposto um novo sistema de filosofia da natureza, ou de cosmologia, fundado no princípio de que o ar, elemento natural feminino, fecundado pelo éter, elemento natural masculino, assumiria a forma de buril: buril aéreo que, ao tocar, de leve, a matéria, lhe imprimiria uma forma; ao penetrá-la profundamente, deformá-la-ia.

Além disso, inventou uma nova doutrina filosófica para explicar as doenças, como consequência ou de um abrandamento da circulação do sangue ("lasco"), ou de um estreitamento dos vasos sanguíneos (*"astretto"*), teoria que compendiar, por volta de 1713, num pequeno tratado de medicina (*De aequilibrio corporis animantis*), cujo manuscrito, bem como o texto impresso, se perderam.

No campo social, que é o que mais nos interessa, ocupou-se, entre 1714 a 1716, de uma vasta biografia do marechal de campo austríaco António Carafa (Vida de António Carafa, ou Vita di Antonio Carafa). Vico foi levado a considerar mais de perto a vida política, o que o induziu, para se poder orientar no tema, a ler ou a reler as obras de Grotius, Selde e de Pufendorf e, pelo menos, a documentar-se sobre as teorias de Hobbes. E, tanto na concepção jusnaturalista de Pufendorf, como na teoria de Hobbes, encontrava elementos para a sua hipótese, de proveniência epicurista ou libertinista, de que os fundadores da civilização teriam sido, não homens portadores de uma "sabedoria oculta" (*sapienza riposta*), isto é, de filosofia, mas, pelo contrário, homens-animais, privados de qualquer cultura, de qualquer humanidade, de qualquer religião, apenas orientados por um obscuro instinto de conservação, que os teria levado, pouco a pouco, a viver em sociedade. No

entanto, longe de parar, foi mais além do que as teorias jus-
naturalistas e de Hobbes, que do homem das origens saltava
para o homem já civilizado, pois soube dar vida a uma ciência
verdadeiramente nova, onde a filologia e a filosofia se inter-
calavam. A filologia, para ele, era constituída pela linguagem
escrita, poesia, eloquência, legislação, usos e costumes, dos
diversos povos, e não passava de um esboço de ciência primordial, alógica e autônoma do certo. Para ser lógica e científica,
tinha de ser penetrada pela verdade da filosofia (*inverata*).
Mas esta, por sua vez, enquanto pensamento reflexivo teórico,
não primordial e não autônoma dos fatos, devia ser "acertada"
pela filologia. Esta descoberta, de caráter geral, conduzi-lo-á
em filosofia, sobretudo, em histórica ético-política e em crítica literária, a outras "descobertas" particulares, como, por
exemplo, à descoberta da filosofia da arte e da filosofia do útil.
Este método revolucionou a historiografia de Roma primitiva
e, numa época hostil a Homero e Dante, permitiu definir em
que consiste a soberania poética destes dois grandes autores.
Vico deixou-nos estas ideias em diversos textos dispersos, sobretudo nas seguintes obras: O direito universal (*Il diritto uni-
versale*, 1720-1722), A ciência nova (*La scienza nuova*). A este
mesmo período pertence uma oração, por ocasião da morte
de Anna d'Aspermont (1724), a Autobiografia, com as adições
sucessivas (1725, 1728, 1731), uma oração por ocasião da morte
de Ângela Cimmino (1727), um perfil de Dante (1728), as cha-
madas *Vindiciae* (1729), De mente heroica (1732-1733). Desde a
sua juventude, atacado pela tuberculose, sempre tivera uma
saúde frágil, agravada pela pobreza dignamente suportada,
que o obrigou à sobrecarga de múltiplas "lições privadas" e outras tarefas mais ou menos cansativas. A sua habitual tristeza
foi aumentada por uma série de adversidades: o insucesso, em
1723, num concurso para uma cadeira mais bem retribuída, o
seu matrimônio infeliz (1729) e a morte prematura (1736) do
seu primogênito, Ignazio, a incompreensão quase total dos
seus contemporâneos, etc. Em 1741, renunciava à sua cadeira,
em favor de seu filho Gennaro e, sempre atormentado por uma

sombria e misteriosa misantropia, morreu na noite de 22 para 23 de janeiro de 1744. A seu respeito escreveu "Entre os medíocres e os falsos doutos, que me rodeavam, tanto uns como os outros, devido à sua maldade, os mais vis chamavam-me louco e, empregando por vezes palavras mais polidas, falavam da minha extravagância, das minhas ideias singulares ou da minha obscuridade; os mais velhacos, para me abaterem, recorriam a elogios." – G. B. Vico.

"O método seguido por Vico é tanto mais importante de observar, na medida em que não existe nenhum inventor cujos precedentes menos se possa indicar. Antes dele, a primeira palavra ainda não fora proferida; depois dele, a ciência estava, se não feita, pelo menos fundada; o princípio estava dado, as grandes aplicações indicadas." – Michelet.

"Ainda hoje em dia subestimamos as realizações de Vico. Não foi apenas um jurista, um filólogo, pois, ao ocupar-se da história eterna, esta, justamente por ser eterna, não é história, mas a própria filosofia" – B. Croce.

PARTE II

A doutrina social de Saint-Simon

Biografia e contexto sociocultural

CLAUDE-HENRI DE ROUVROY, CONDE DE SAINT-SIMON, foi um economista francês. Nasceu em Paris a 17 de outubro de 1760 e faleceu na mesma cidade a 19 de maio de 1825. Começou a vida social como oficial subalterno e combateu, como voluntário, na guerra da independência americana. Foi um apaixonado que tudo quis saber e tudo conhecer. Dotado de fértil imaginação, enviou ao vice-rei do México um projeto de abertura de um canal para o então istmo do Panamá. Abandonou o serviço militar com a patente de coronel, em 1783. Viajou pela Holanda e pela Espanha, ainda ocupado com os seus projetos de construção de canais. Regressou à França no momento da Revolução, por cujas ideias se entusiasmou, recusando-se a emigrar. Aproveitou a desordem econômica da Revolução e lançou-se na especulação dos bens nacionais e dela auferiu lucros consideráveis que lhe permitiram, ao sair do período do Terror, levar a vida faustosa de um rei do Diretório. Seu sócio, porém, rouba-o, obrigando-o a liquidar os seus negócios. Iniciou a seguir o seu apostolado social quando lhe apareceu em sonhos o seu antepassado Carlos Magno, que lhe vaticinou que seria tão importante quanto ele, mas como filósofo. Em 1802, as suas Cartas de hum habitante de Genebra aos seus contemporâneos (*Lettres d'un habitant de Genève à ses contemporains*) esboça uma religião nova, baseada na ciência moderna e iniciada por Newton. A sua Introdução aos trabalhos científicos do século XIX (*Introduction aux travaux scientifiques du XIXe siècle*) definiu, cinco anos mais tarde, os grandes temas da sua doutrina e foi seguida em 1814 de uma memória: Da reorganização da sociedade europeia, ou da necessidade e dos meios de reunir os povos da Europa num único corpo político, conservando cada um a sua nacionalidade (*De la réorganisation de la société européene, ou de la nécessité et des moyens de rassembler les peuples de l'Europe en un seul corps politique, en conservant à chacun sa nationalité*), obra em que colaborou igualmente Augustin Thierry. Depois de viajar pela Inglaterra, à Alemanha e à Itália, Saint-Simon fundou, em 1818, *L'Industrie*, publicação destinada a estabelecer contatos entre os banqueiros, os produtores e os sábios, e em 1819, *L'Organisateur*, em que apareceu a famosa Parábola (*Parabole*), onde Saint-Simon mostrou que a França perderia menos com o desaparecimento da inútil família real e da estéril nobreza, do que com o dos sábios, dos industriais e dos agricultores. O escol do futuro são os trabalhadores (termo que, para Saint-Simon, designa sábios, fabricantes, industriais, banqueiros, da mesma forma que operários), "classe fundamental", classe ainda oprimida pelas antigas classes de origem militar. É, pois, necessário, imediatamente, promover uma renovação de escol dirigente. Mas Saint-Simon, por maior que fosse a sua confiança nas maravilhas da indústria, sentia bem que a solidez do novo regime exigia uma filosofia capaz de unir todos os espíritos.

Era um visionário, um tanto louco, mas "a loucura", segundo ele, "não é mais do que uma extrema exaltação necessária para levar a cabo grandes coisas". Todo o seu pensamento foi movido pela ambição de pôr fim à crise revolucionária, graças à organização científica de um mundo melhor. O seu tema favorito é a exaltação da indústria.

Tendo dissipado o resto dos seus bens com as diversas tentativas sociais e tendo ficado reduzido à miséria, para não morrer à fome, foi recolhido pela caridade de um antigo criado, sendo forçado a um obscuro trabalho de copista. Saint-Simon tentou suicidar-se a 9 de março de 1824, perdendo só um olho. Socorrido por alguns discípulos de valor como A. Thierry, A.

Comte, Enfantin. Nesse ano, publica, em 1824, os cadernos do seu Catecismo dos Industriais (*Catéchisme des Industriels*). Um ano após a sua morte, as suas ideias não se tinham ainda espalhado pela França, mas a escola Saint-Simonista, formada pelos seus alunos, profere conferências e em breve lança um jornal, Le Producteur, em que colaboraram Enfantin, A. Comte, Blanqui, Armand Carrel. De início, o grupo manteve-se rigorosamente no campo científico, mas dentro em pouco deixa-se seduzir pelo sonho de uma nova religião e transforma-se em Igreja, da qual o supremo sacerdote será Enfantin.

Na sua derradeira obra, O novo cristianismo (Le nouveau Christianisme), traçara já as grandes linhas dessa religião assaz vaga, sem sobrenatural, mas possuindo, como a católica, os seus dogmas, fundados principalmente sobre o mito da fraternidade humana, o seu culto e a sua igreja, de que ele era o messias. O ano de 1830 marca o apogeu do Saint-Simonismo: pensadores ilustres como Comte, financeiros como Pereire, historiadores como A. Thierry, músicos como Félicien David e sua época – o misticismo e o culto da ciência positiva. Mas as extravagâncias da igreja Saint-Simoniana desencadeiam rapidamente um processo intentado pelo Estado que, em agosto de 1832, põe termo à história do Saint-Simonismo como seita.

No domínio da prática, o Saint-Simonismo foi uma das forças do século XIX: os seus discípulos exerceram pressão para a construção dos caminhos-de-ferro, propuseram planos urbanísticos e foram os primeiros a tentar a abertura do Canal de Suez. Saint-Simon teve também um grande herdeiro, Auguste Comte que, como ele, defendeu que a política se deve basear na ciência. Indo mais longe ainda, pode apresentar-se Saint Simon como um antepassado da tecnocracia contemporânea.

O contributo do misticismo e da ciência no Saint-Simonismo

Henri de Saint-Simon vai contribuir para dissipar esta confusão do religioso com o natural, ao preconizar, influenciado pelos enciclopedistas e pelo Doutor Burdin, uma "ciência do homem", estudado não como indivíduo, mas como "espécie". Este filósofo francês, não é, pois, totalmente original. Os enciclopedistas tinham defendido esta concepção: primeiro, ao sustentarem a unidade do saber humano de que esta ciência – a sociologia – devia ser parte integrante; seguidamente, ao dissociarem a teoria da prática, distinção na qual Durkheim verá a própria base da ciência sociológica. Esta ideia de uma "ciência do homem" foi copiada e recolhida por Saint-Simon na tradição dos ideólogos, dos fisiologistas (Cabanis, Bichat, Vicq d'Azyz) e dos médicos. Um destes últimos, o Dr. Burdin, parece ter dado a Saint-Simon não só a ideia, como até o qualificativo de uma ciência "positiva", concebida como uma fisiologia alargada, extensiva ao homem social, uma vez que esta ciência devia ter em conta não só a aquisição da linguagem, como a evolução das crenças humanas, desde a "idolatria", passando pelo politeísmo e o "deísmo", até a concepção de leis positivas que regem a totalidade dos fenômenos. Na sua Memória sobre a ciência do homem (*Memoire sur la science de l'homme*, 1813), o próprio Saint-Simon presta homenagem a esta ideia de que a "política se tornará numa ciência positiva".

Na obra já atrás citada, Memória sobre a ciência do homem, o próprio Saint-Simon, teórico da sociedade industrial, exprime a opinião de que as questões de política devem "ser tratadas pelo mesmo método e da mesma maneira que se tratam, hoje em dia, as relativas aos outros fenômenos". Em 1823, no primeiro caderno do Catecismo dos Industriais (*Catéchisme des Industriel*), ele sustentará que a "história é uma física social". A analogia com a psicologia leva-o, contudo, a afirmar que a sociedade não é "uma simples aglomeração de seres vivos cujas ações não tenham outra causa senão a arbitrariedade das vontades individuais"; mais: que ele é "um verdadeiro ser cuja existência é mais ou menos vigorosa ou fraca, conforme os seus órgãos cumpram mais ou menos regularmente as funções que lhe são confiadas". Mas o que une dinamicamente os homens quando trabalham em sociedade? Saint-Simon parece ter primeiro pensado como Condorcet (tal como mais tarde, Comte) que a evolução deste ser é dirigida pelas ideias. É o que se depreende desta frase: "todo o regime social é uma aplicação de um sistema filosófico". Estupefato perante o desenvolvimento do industrialismo nascente e crente em que a ciência e a indústria dirigem a sociedade, conclui que "os progressos da indústria são os mais positivos de todos", o que nos permite já antever, nele, a preparação de uma concepção econômica da história, sobretudo quando acrescenta: "é dentro da indústria que residem, em última análise, todas as forças reais da sociedade". Que dizer das suas ideias? Será original?

O seu pensamento é confuso, incerto, e levantam-se dúvidas sobre a sua originalidade, como precursor da sociologia.

O seu discípulo, o médico Buchez (1796-1865), primeiro, numa série de artigos do jornal *Producteur* (abril a setembro de 1826), depois, na sua *Introduction à la science de l'histoire* (1833), será mais claro ainda. Estabelecendo uma certa analogia entre a fisiologia individual e aquilo a que chama a "fisiologia social", afirma a irredutibilidade desta àquela, baseando-se nas "mutações numerosas e variadas" que afetaram a organização social ao longo da história, enquanto que, salienta, o "indivíduo apresenta sempre os mesmos instintos, as mesmas paixões, as mesmas necessidades". Daqui conclui, com todo o rigor lógico, que "a sociedade não é a única expressão das tendências individuais". Mais tarde, fará consistir essencialmente a sociedade num "objetivo comum de atividade", antecipando-se assim a Durkheim, às suas representações coletivas como fatores decisivos na constituição das sociedades.

A escola Saint-Simonista retomará ideias análogas, por exemplo, na *Exposition de la Doctrine* (1829).

Armand Bazard (1791-1832) socialista e fundador da carbonária, defendeu nos jornais *Le Producteur et l'Organisateur*, afirma que a humanidade é "um ser coletivo", critica os economistas que, depois de Adam Smith pretenderam fazer da economia política uma ciência à parte. São homens de visão curta "começam pelos mais pequenos fatos, depois pela divisão do trabalho considerada mesmo num indivíduo isolado... entram no assunto por pormenores tais como a definição das palavras como valor, preço, produção, que não exigem nenhuma ideia-base sobre a composição ou organização das sociedades". Por outro lado, olham para a propriedade, por exemplo, "como um fato existente de que não examinam nem a origem nem o progresso".

Pelo contrário, o autor de *Exposition de la doctrine* analisa as "transformações sucessivas" do direito de propriedade, assim como as dos antagonismos de classes (senhor-escravo; patrício-plebeu; senhor feudal-servo; ocioso-trabalhadores). Conclui que, longe de ser "um fato invariável, a propriedade" é um fato social, submetido como todos os outros fatos sociais à lei do progresso, podendo, pois "ser entendida, definida, regulamentada de diversas maneiras".

Em termos gerais, podemos dizer que as críticas teóricas dos socialistas ao atacarem a organização econômica, destroem o preconceito das instituições consideradas imutáveis. Por outro lado, oferecem-nos, ao mesmo tempo, noções verdadeiramente sociológicas. Por exemplo, com Fourier, limam-se as noções dos períodos e da lei serial; com Proudhon, as noções da força coletiva e da razão coletiva.

A doutrina social de Proudhon

A biografia, contexto histórico-social e pensamento

PROUDHON, PIERRE JOSEPH: este escritor e político socialista francês, nascido em Besançou a 15 de janeiro de 1809 morreu em Paris, a 19 de janeiro de 1865. Descendia de uma família da região de Jura[1], extremamente pobre, em que seu pai era um tanoeiro[2]. À mercê da caridade de alguns, pôde, em 1820, entrar para o colégio da cidade natal. Como não dispunha de dinheiro para comprar livros, embora obtivesse brilhantes resultados, aos dezanove anos renunciou à universidade e foi trabalhar como tipógrafo. Em 1837, depois de ter efetuado uma "volta à França", fundou uma oficina de impressão com dois amigos.

Em 1840 começou a sua atividade política com a dissertação, Que é a propriedade? (*Qu'est-ce la propriété?*), que de início não despertou grande interesse, apesar da famosa e perigosa fórmula: "A propriedade é o roubo." Proudhon corrigiu a má interpretação desta frase, afirmando, com a mesma energia, que a "propriedade é a liberdade". Nova dissertação, Advertência aos proprietários (*Advertissement aux propriétaires*), já suscitou, pelo menos, o interesse da justiça, que

---

1   N. do Ed.: Jura é um departamento francês, da região do Borgonha-Franco-Condado. O seu nome vem da cadeia de montanhas Jura.

2   N. do Ed.: Tanoeiro – o que faz ou conserta tonéis ou outras vasilhas semelhantes.

perseguiu Proudhon até ao Supremo Tribunal, sem, no entanto, conseguir a sua condenação (1842). Por essa época, Proudhon teve de abandonar a tipografia, cujos negócios, de há muito, iam mal. Dedicou-se a uma empresa de transportes fluviais entre o rio Ródano[3] e o rio Sena. Publicou, então, Sobre a criação da humanidade (*De la création dans l'ordre de humanité*, 1843), O sistema das contradições econômicas (*Système des contradictions économiques*, 1846). A revolução de 1848 iria fazer de Proudhon uma personalidade política de primeiro plano. Graças às ideias socialistas expressas no seu jornal *La Répresentant du peuple*, é eleito representante em junho do mesmo ano, mas não se evidenciará de forma alguma na Assembleia, onde a sua intervenção pôde ser considerada ineficaz: fez uma proposta a favor de uma nacionalização parcial da propriedade rural, das rendas e do capital, mas foi repudiada por unanimidade. Unicamente no seu jornal *Le Peuple*, várias vezes suprimido e forçado a mudar de título, Proudhon consegue exprimir as suas ideias. Passando à prática, decidiu fundar, em janeiro de 1849, o Banco do Povo, que deveria funcionar sem capitais, pela simples troca de papel-moeda. Tal empreendimento nem teve tempo de se afirmar, pois prenderam-no e condenaram-no à prisão por incitamento "ao ódio e ao desprezo pelo governo". Em março de 1849, casando-se durante a detenção, foi liberto em junho de 1852 e voltou a abordar problemas políticos. Publicando, primeiro, Confissões de um revolucionário (*Confessions d'un révolutionaire*), depois pontos de vista contra a unidade italiana, contra a revolta polaca, e enfim, estudos acerca de A justiça na Revolução e na Igreja (*La justice dans la Révolution et dans l'Église*, 1858), que valeram nova condenação à prisão. A Proudhon só restava o exílio, tendo-se retirado para a Bélgica. Quando regressa à

---

3   N. do Ed.: O Ródano é um rio que nasce na Suíça e termina em França. Por desaguar no Mediterrâneo, é de extrema importância histórica desde a Antiguidade.

França, em 1862 – após a anistia de Napoleão III, em dezembro retira-se definitivamente para a sua casa de Passy. Publicou ainda, antes de morrer: A guerra e a paz (*La guerre et la paix*), Sobre o princípio federativo (*Du principe fédératif*, 1863) e conclui em 1865 o seu "testamento", sobre A capacidade das classes operárias (*De la capacité des classes ouvrières*). Como escritor socialista autodidata, é original e rico no estilo elaborado e dialetista vigoroso, refletindo leituras de Hegel. Mais do que um político ou um economista, foi um moralista: a paixão pela justiça era um tanto abstrata e fundada no respeito intransigente do indivíduo. Daí, três exigências fundamentais:

1a. – o direito de todos ao trabalho, que não pode ser considerado um castigo de um pecado original, mas sim, a mais elevada manifestação de inteligência e de liberdade;

2a. – a "igualdade das inteligências" e o "nivelamento das condições" – por consequência, deve-se lutar contra a Igreja, que situa a libertação da servidão num outro mundo, o Céu, e que luta contra o capital, que assegura aos seus possuidores o domínio das massas. Queria Proudhon destruir a propriedade? De maneira alguma. Embora anticlerical, aceitou o direito cristão tradicional sobre a legitimidade da propriedade como poder sobre as coisas e sobre o seu abuso intolerável, quando se transforma em poder do homem sobre o homem.

3a. – o desaparecimento do Estado – Proudhon receava os perigos do estatismo. O desaparecimento do Estado é, a seus olhos, a consequência lógica e necessária da Revolução, que fará surgir uma sociedade melhor, inteiramente econômica com uma federação de pequenos proprietários, trocando os seus produtos, graças ao Banco do Povo. Com efeito, Proudhon sobrevaloriza o indivíduo. A ordem moral, política e econômica baseia-se, segundo ele, numa espécie de intuição imediata da consciência, pela qual cada indivíduo se sente solidário com todos, e ligado à sociedade, que, aliás, tem por único papel garantir e aumentar a liberdade individual. "Negamos o governo do Estado" – escreveu – "porque afirmamos a personalidade e a autonomia das massas". Numa sociedade moderna cada vez mais complicada, sob o efeito das necessidades econômicas crescentes, sempre mais centralizada, o antiestatismo sistemático, moral, e até, por assim dizer, místico, é a única atitude que poderá impedi-lo de exercer grande influência nos movimentos operários.

O positivismo sociológico de Comte

Biografia e contexto histórico-cultural

ESTE FILÓSOFO FRANCÊS nasceu na cidade de Montpellier em 1798 de uma família extremamente católica e faleceu em Paris em 1857, quase louco. Em 1814, com dezasseis anos, entra para a Escola Politécnica de Paris e dedica-se ao estudo das ciências exatas e da engenharia. Atraído, como muitos dos seus colegas, pelas ideias reformadoras de Saint-Simon, baseadas na preponderância da indústria e da ciência para a reorganização da sociedade e construção do novo mundo que se erguia. De 1817 a 1824, segue o mestre socialista, mas rompe com ele por causa da maneira de encarar a implantação da nova sociedade: Saint-Simon achava que esta devia ser posta em execução imediatamente, enquanto Auguste Comte confiava no seu Plano de Trabalhos Científicos Necessários para a Reorganização da Sociedade, depois reeditado com o nome de Politique positive, em aprofundamento nas investigações sociais e econômicas e, para tal, uma nova educação da inteligência e uma nova ciência dos fenômenos sociais.

Esta obra despertou o interesse do político e historiador francês Guizo e do naturalista alemão Alexandre Von Humbolt, que encorajaram o filósofo a escrever uma enciclopédia das ciências positivas, que aparecia com o nome de *Cours de Philosophie Positive*. Entretanto, casa-se civilmente com uma jovem culta parisiense, o que provoca o escândalo da família. Entre 1826 e 1827, teve o primeiro acesso de loucura, de que se cura.

Com antigos colegas da Escola Politécnica, fundou a Associação Politécnica, destinada à difusão dos positivistas. Em 1842, divorcia-se e volta a se casar. Em 1845, é sujeito a nova crise de loucura, que veio a refletir-se na orientação religiosa dada aos últimos trabalhos (*Système de Politique Positive et Catéchisme Positiviste*), em que expõe o ideal em voga de veneração da humanidade, o que o leva a entrar em desconcertante contradição com as suas teses positivistas. Ele, que pensara ultrapassar o estado (ou estádio) teológico, acaba por regressar a ele, fundando um com ritos, sacramentos, uma trindade divina e uma espécie de Virgem Maria.

Auguste Comte procura encontrar solução para as dúvidas que atormentavam as inteligências do seu tempo. No meio de tanta perplexidade e instabilidade, a filosofia positiva procura remediar as perturbações, estabelecendo um elo de ligação com a estabilidade própria da ciência, que era, na época, o único ponto de apoio e de segurança para a nossa razão. Tenta fazer uma síntese conciliadora entre as ideias e os sentimentos de ordem.

O positivismo

Em sentido restrito, por positivismo entende-se a escola e o sistema filosófico de Auguste Comte, tal como está exposto essencialmente no *Cours de Philosophie Positive*, no *Discours sur l'Esprit Positif*, no *Catéchisme Positiviste* e no *Système de Politique Positiviste*.

Esta filosofia prega a nossa incapacidade de conhecer a natureza íntima e as causas reais (ontológicas) das coisas, admite, como única realidade conhecida, os fatos e limita as ambições da pesquisa intelectual do estabelecimento de leis concebidas como enunciados que traduzir as relações constantes de sucessão e de concomitância entre os fatos. Não se interessa, como os filósofos tradicionais, por "o que é isto", pelo "porque" e pelo "fim último", mas pelo "como". O positivismo agarra-se ao lado e não quer sair dele. Mais do que uma teoria da ciência que surgiu como reação contra o idealismo alemão e contra o romantismo, é sobretudo uma religião ou substituição da religião para a reforma da sociedade.

Dá-se por extensão, o nome de positivismo a toda a concepção comtista ou não, que, sob a influência – mais de Condorcet do que de Auguste Comte – sustenta que o conhecimento dos fatos é fecundo e capaz de nos dar a certeza, e que atribui à constituição e ao progresso das ciências experimentais uma importância preponderante para o aperfeiçoamento de todo o conhecimento. Entre as correntes que podem ser consideradas positivas citam-se: o utilitarismo, o sensualismo, o associacionismo, o materialismo, o economismo, o naturalismo, o biologismo, o pragmatismo, etc. Este termo presta-se a muita confusão, visto que vários filósofos se dizem positivistas, sem defender os postulados do positivismo, e até com a intenção de os superar, como é o caso de Husserl, de Bergson, de Lachelier e de outros.

Esta atitude de prudência limitada, de aversão à metafísica tradicional, à construção, ao sistema, à dedução de não aceitar apenas o que nos é dado por intermédio dos sentidos não é nova: encontramo-la já entre os céticos antigos e entre certos filósofos da época "iluminista", que precedeu a Revolução Francesa.

A sociologia de Auguste Comte

A física social

Auguste Comte (1798-1853), filósofo francês, teve o mérito de defender a constituição de uma ciência positiva dos fatos sociais. A esta, ele dá primeiro com Saint-Simon o nome de Física social, querendo significar, com tal designação, que esta ciência natural dos fenômenos sociais é solidária das outras partes da "física", termo que seria para designar outrora a ciência da natureza. Se "a Física Orgânica", ou a fisiologia é a ciência do indivíduo, a "Física Social" será a ciência da espécie humana, porque Auguste Comte sempre considerou a espécie humana como "uma imensa e eterna unidade social", de que todos os indivíduos são solidários. Pretende demonstrar a irredutibilidade dos fatos sociais aos fatos puramente fisiológicos. A partir do tomo IV (1839) da sua obra *Cours de Philosophie Positive*, publicada em seis volumes entre 1830 e 1842 (quadragésima sétima lição, pg. 252), Comte dá, então, a esta nova ciência, o nome de "sociologia", a fim de evitar a confusão com as "viciosas tentativas de apropriação" do social que transparecem no termo "Física social" (tomo IV, 7, nota), a que diz respeito (alusão a Quételet, 6, d). A sociologia é, ao mesmo tempo, aos olhos de Comte, a chave da abóbada de toda a "Filosofia positiva" e a verdadeira ciência da natureza humana. Como "estudo positivo do conjunto das leis fundamentais própria dos fenômenos sociais", ela divide-se em duas partes, quer se trate de estabelecer as leis Estáticas, as que dizem respeito às condições de existência da sociedade, quer as leis Dinâmicas, as do seu movimento contínuo.

A Estática social

A sociologia estática, que é tratada na quinquagésima lição do Cours, é uma espécie de "anatomia social", que tem como objeto "o estudo positivo, ao mesmo tempo experimental e racional das ações e reações mútuas que as diversas partes do sistema social exercem continuamente umas sobre as outras". Sobre a ideia fundamental *consensus*, como ele próprio diz: "os fenômenos sociais são profundamente conexos" e qualquer estudo que isole um fenómeno social, como o faz a economia política, é irracional e estéril. A verdadeira unidade rigorosamente elementar da sociedade não é o indivíduo, embora este seja dotado de instinto de sociabilidade natural, mas a família. Mas esta não é senão uma união de instintos de simpatia. Para que haja propriamente sociedade é preciso que, para além daquela tendência natural, haja o sentimento de cooperação, e este resulta da divisão do trabalho. "Conciliação da separação dos trabalhos com a cooperação dos reforços", tal será, pois, a verdadeira característica da sociedade humana.

A Dinâmica social

A dinâmica social, como teoria do progresso, está para a estática, teoria da ordem, como a fisiologia está para a anatomia. Comte chama a nossa atenção para o termo progresso, que deve ser entendido como um simples desenvolvimento e não como aperfeiçoamento (quer-se dizer, sem juízo de valor), desenvolvimento que consiste em "fazer ressaltar cada vez mais as faculdades características da humanidade, comparativamente às da animalidade". O motor deste desenvolvimento intelectual são as ideias: "todo o mecanismo social repousa sobre opiniões". A lei dos três estados – teológico, metafísico e positivo (primeira lição) – ao mesmo tempo que resume todo o processo histórico de desenvolvimento intelectual da humanidade, é também a chave de toda a dinâmica social. Comte, no entanto, está de acordo com que outros fatores exerçam influência no processo. Por exemplo, algumas das suas notas, ao anunciarem já o que se chamará mais tarde a "morfologia social" (ver cap. VII), apontam o crescimento natural da população humana como a principal causa que acelera a velocidade da evolução social, não propriamente "o aumento absoluto do número de indivíduos", mas, sobretudo, "o seu concurso mais intenso sobre um espaço dado". É esta influência que determinará "no conjunto do trabalho humano, uma divisão cada vez mais especial, necessariamente incompatível com um pequeno número de colaboradores" (VI, d.t. IV, 339). Por outro lado, se a "separação das funções sociais" tende "a asfixiar o espírito de conjunto" (o mesmo, 429), e se a comunidade de pensamento e de sentimento tendem também a enfraquecer, a sociedade deve reagir "com energia nada intransigente" contra divergências particularizantes. O papel do governo consistirá em fazer de maneira que o progresso seja compatível com a ordem.

A política positiva

Daqui se deduz com clareza que a principal ambição de Comte era a de fundar sobre a sociologia, agora científica, uma política que até aqui não passaria de arte empírica, ou então inspirada em postulados teológicos ou metafísicos. Pretendia torná-la uma "política positiva". Já a partir da primeira lição do Cours (1830), o filósofo francês assinalava "a reorganização social" como um dos objetivos essenciais da sua filosofia. Efetivamente, "por causa da sua complexidade superior", os fenômenos sociais são os mais dinâmicos de todos. Havia que estudá-los profundamente e "terminar o estado de crise aberto pela Revolução Francesa". Isto é, de nos opormos ao racionalismo vitorioso, de cessar a anormal "insurreição da razão contra o coração", que se produziu desde o século XVIII. As condições desta nova ordem positiva, desta "sociocracia", fortemente influenciada pelo saint-simonismo, encontram-se estabelecidas no Système de politique positive (1851-54). Auguste Comte defende uma reforma dos costumes destinada a assegurar a predominância do altruísmo sobre o individualismo. Prega, por isso, o culto da humanidade. Aqui, Comte retoma a ideia exposta por Saint-Simon no seu *Nouveau Christianisme*: só uma nova religião pode restituir ao coração do homem os seus direitos e dar satisfação ao altruísmo inerente à nossa natureza, mas esta religião não deve opor-se à razão, mas estar de acordo com ela, de acordo com o último dos três estados. A este respeito, a noção de humanidade oferece-lhe todas as garantias necessárias a manter-se na perspectiva positiva. "Humanidade" é uma noção positiva. Graças a ela, o "método subjetivo", complemento necessário do método objetivo, "torna-se sociológico em vez de ficar teológico". Esta modificação permite então a Comte colocar, no cume da escala do saber científico enciclopédico, uma sétima ciência, a moral, "a ciência do homem individual", que ensinará a conhecer, a amar e a servir o Grande Ser, quer ele dizer, a humanidade, e para a qual se encontra transferida "a presidência enciclopédica", até então entregue à sociologia.

A lei dos Três Estados, ou do progresso intelectual

A leitura da obra de Condorcet (1743-1794), *Esquisse d'un tableau historique des progrès de l'esprit humain*, convenceu-o de que as suas explicações positivistas deviam suplantar definitivamente as explicações metafísicas ou imanentes, herdeiras das interpretações teológicas ou transcendentes.

Comte pensava, como o filósofo idealista alemão Hegel, que "as ideias conduzem e transformam o mundo".

Segundo Auguste Comte, cada ramo do pensamento humano, cada ciência no seu aperfeiçoamento continuamente evolutivo, teria passado por três épocas ou etapas marcadas por uma predominância crescente da observação positiva e da razão sobre a imaginação teológica ou metafísica.

(i) teria vindo duma época ou estado teológico ou fictício, em que a intervenção das divindades e das forças extraterrestres explicariam os fenômenos ou anomalias aparentes da natureza. Este estado apresentou-se sob três formas sucessivas: animismo, politeísmo e monoteísmo.

(ii) teria depois passado pelo estado metafísico, em que os mesmos fenômenos se explicariam apenas de maneira a priori, racionalmente, por princípios ou entidades imaginárias e imanentes às coisas (as causas últimas não observáveis). Ex.: a tempestade foi mais tarde explicada pela virtude dinâmica do ar.

(iii) finalmente teria chegado a um estado positivo em que as soluções dadas aos problemas sobre a natureza íntima, a origem longínqua (a causa metafísica) e sobre o destino se riscam e substituem por leis positivas: a metafísica cede lugar às ciências modernas e a análise subjetiva e, a priori (puramente mental ou imaginário), é substituída pela observação e a experimentação. Ex.: a tempestade explicou-se pela descoberta de outros fatos precedentes e simultâneos, de pressão atmosférica, evaporação, insolação, etc.

O cientista contenta-se com descrevê-los e exprimi-los em linguagem matemática.

O fim da ciência consiste em reduzir todos os fenômenos à unidade suprema para um conhecimento mais perfeito das leis naturais, para saber e prever: "ciência, daí previsão, daí ação".

O catolicismo situa-se no admirável apogeu do estado teológico que pretende atingir o Absoluto pela imaginação criadora dos seres sobrenaturais; o idealismo no apogeu do estado metafísico que procura também o Absoluto disfarçado sob forma de substâncias de faculdades, de causas, de hipóteses ontológicas; o positivismo, no advento da nossa época e no futuro, baseia-se na observação do relativo, dos fatos.

Para ele, a vida espiritual autêntica não consiste no recolhimento ou na informação, mas na atividade científica manifestada através do tempo.

"Emprego a palavra 'filosofia' na acepção que lhe davam os antigos e particularmente Aristóteles, designando o sistema geral de concepções humanas (...) por filosofia positiva, comparada a ciências positivas, entendo somente o estudo próprio das generalidades das diferentes ciências, concebidas como submetidas a um método único e formando as diferentes partes de um plano geral de investigações.

Basta (...) fazer do estudo das generalidades científicas mais uma grande especialidade. Que uma nova classe de sábios, preparados por uma conveniente educação, sem se entregar à cultura especial de qualquer ramo particular (...) se ocupa unicamente, no seu estado atual, em determinar exatamente o espírito de cada uma delas, em descobrir suas relações e seu encadeamento, em resumir, se for possível, todos os seus princípios próprios num menor número de princípios comuns, conformando-se sem cessar às máximas fundamentais do método positivo". (*Cours*, I.)

Comte define a filosofia positiva como "um sistema de conhecimentos universais e científicos", querendo dizer com isso que a filosofia consistia num conjunto de respostas legítimas (baseadas nos fatos e controladas pela experiência e pela razão, de acordo com os métodos da ciência moderna) às questões que o homem se propõe sobre a sua existência e o seu destino. É constituída pelo conjunto das ciências hierarquizadas que organizam num todo coerente as múltiplas soluções, apresentadas pelas ciências. Recusando separar a ciência da filosofia, Comte concebeu a filosofia como uma ciência das ciências.

"Ao estudar (assim) o desenvolvimento total da inteligência humana, nas suas diversas esferas de atividade, desde o seu primeiro desenvolvimento, o mais simples, até os nossos dias, creio ter descoberto uma grande lei fundamental, à qual aquele está sujeito por uma necessidade invariável e que me parece poder ser solidamente estabelecida, quer por provas racionais fornecidas pelo conhecimento de nossa organização, quer pelas verificações históricas que resultam dum exame atento do passado.

Esta lei consiste em que cada uma de nossas concepções principais, cada ramo de nossos conhecimentos, passa sucessivamente por três estados teóricos diferentes: o estado teológico ou fictício, o estado científico ou positivo (...).

No estado teológico, a mente humana que dirige essencialmente as suas investigações para a natureza íntima dos seres, para as causas primeiras e finais de todos os efeitos que o impressionam, numa palavra, para os conhecimentos absolutos, representa os fenômenos como produzidos pela ação direta e contínua de agentes sobrenaturais mais ou menos numerosos, cuja intervenção arbitrária explica todas as anomalias aparentes do universo.

No estado metafísico, que é no fundo apenas uma simples modificação geral do primeiro, os agentes sobrenaturais são substituídos pelas forças abstratas, verdadeiras entidades (abstrações personificadas) inerentes aos diversos seres do mundo e concebidas como capazes de engendrar por elas mesmas todos os fenômenos observados, cuja explicação consiste então em atribuir a cada um a entidade correspondente.

Enfim, no estado positivo, o espírito humano, que reconhece a impossibilidade de obter noções absolutas, renuncia a procurar a origem e o destino do universo e a conhecer as causas íntimas dos fenômenos, para se esforçar unicamente por descobrir, pelo uso bem combinado do raciocínio e da observação, as suas leis efetivas, ou melhor, as suas revelações invariáveis de sucessão e semelhança.

A explicação dos fatos, reduzida então aos seus termos reais, já não é doravante senão a ligação estabelecida entre os diversos fenômenos particulares e alguns fatos gerais, cujo número os progressos da ciência tendem cada vez mais a diminuir.

O sistema teológico alcançou a mais alta perfeição de que é possível, quando substituiu a ação providencial de um ser único, pelo jogo variado das numerosas divindades independentes, que haviam sido imaginadas primitivamente. Da mesma maneira, o último termo do sistema metafísico consiste em conceber, em vez das diferentes entidades particulares, uma única grande entidade geral, a natureza, considerada como a fonte única de todos os fenômenos. Analogamente, a perfeição do sistema positivo, para a qual tende sem cessar, embora seja muito provável que não possa nunca atingi-la, seria poder representar todos os diversos fenômenos observáveis como casos particulares de um fato geral, como o da gravitação, por exemplo.

Esta revolução geral do espírito humano pode, aliás, ser facilmente constatada hoje, de uma maneira muito sensível, embora indireta, se considerarmos o desenvolvimento da inteligência individual. O ponto de partida sendo necessariamente o mesmo na educação do indivíduo que, na espécie, as diversas fases principais da primeira devem representar as épocas fundamentais da segunda.

Ora, cada um de nós, ao contemplar a sua própria história, não se lembra que foi sucessivamente, quanto às suas mais importantes noções, teólogo na sua infância, metafísico na sua juventude, e físico na sua virilidade? Esta verificação é fácil hoje para todos os homens ao nível do seu século.

Necessidade de uma nova ciência: a Sociologia

A HIERARQUIA DAS CIÊNCIAS ESTABELECIDAS por Auguste Comte revela-nos que o conhecimento positivo começou por insistir sobre os objetos mais afastados do homem (números, astros), para se aproximar progressivamente do homem, com a química e sobretudo a biologia.

Para completar o quadro das ciências, falta agora criar uma verdadeira ciência positiva do homem, da história humana e da sociedade, uma "física social", ou sociologia. A ausência desta ciência explica a atual anarquia social; pois se hoje o homem conhece suficientemente a natureza para a dominar e a controlar, encara ainda a sociedade e a história de uma forma teológica e metafísica. É, portanto, necessário fazer triunfar definitivamente o reino da razão positiva, neste último bastião da teologia e da metafísica que é o conhecimento do homem e da sociedade; será esta a única maneira de assegurar à história humana uma direção fundada, já não na ficção e na imaginação, características dos estados teológico e metafísico, mas num conhecimento científico das leis sociais, na previsão e numa ação eficaz. Através da sociologia, Comte propõe aplicar aos fenômenos sociais o adágio "saber para prever; prever para agir", que assegura já ao homem um certo domínio da natureza.

Tais são, para Augusto Comte, os fundamentos teóricos e práticos da nova ciência das sociedades. A sociologia tem, portanto, uma dupla vocação: contribuirá para o progresso dos conhecimentos, completando o quadro das ciências positivas; favorecerá a passagem definitiva da sociedade e de toda a humanidade ao estado positivo. A sociologia surge, a Comte, simultaneamente como conhecimento e ação; mais exatamente, será ação porque será conhecimento. De fato, a organização e a história da sociedade atual obedecem ainda à representação de natureza teológica ou metafísica que os homens têm delas; porque os homens fazem, organizam e dirigem a sociedade como a pensam. Como não dispõem de nenhum modo positivo ou científico de conhecimento da sociedade e da sua história, surgem desordens, crises, um estado de anarquia social permanente. Caberá, portanto, à sociologia, fornecer ao homem, com um conhecimento mais exato dos mecanismos da sociedade e do sentido da história, o instrumento necessário para tomar em mãos o seu próprio destino.

Isto surge a Comte tanto mais correto quando a história passada nos ensina que a cada estádio dos acontecimentos está ligado um tipo particular de sociedade. A evolução das sociedades, como a dos indivíduos e dos conhecimentos, obedece à lei dos três estados. Porque resume o progresso dos conhecimentos, esta lei é a grande lei da história. Daqui resulta que Comte distinga três tipos principais de sociedades, correspondentes aos três estádios dos conhecimentos.

A sociedade militar

Quando os conhecimentos eram de predominância teológica, a sociedade era de tipo "militar". Existe de fato uma afinidade profunda entre o modo de conhecimento teológico e a sociedade militar: ambos são fortemente autoritários e hierarquicamente unificados. Assim, na origem da humanidade e durante muito tempo, também os chefes políticos eram investidos de um caráter sagrado e até sacerdotal que lhes assegurava, bem como ao clero, um poder absoluto e total. Nos casos em que eram distintas, a autoridade civil e a autoridade religiosa entravam frequentemente em conflito; mas pode-se notar que, apesar disso, apoiavam-se e sustentavam-se sempre mutuamente.

A sociedade militar de espírito teológico, e por natureza anti-científica, era necessariamente agrícola, baseada na proprie-dade e na exploração do solo. A sua célula central era a família, principal unidade econômica através da qual se transmitia, não só a propriedade dos bens, mas também o poder político e até o poder sacerdotal.

Uma sociedade fortemente controlada era necessária na origem da humanidade para estabelecer e manter a ordem social, para assegurar a passagem do nomadismo à cultura do solo, para garantir a segurança das pessoas e das coletivida-des, para organizar e estruturar a vida comum. A sociedade militar respondia a estas necessidades; graças a ela, a huma-nidade disciplinou-se e conheceu os primeiros rudimentos da civilização.

A sociedade dos legistas

Ao estádio metafísico dos conhecimentos corresponde a sociedade dos legistas. Esta caracteriza-se por uma distin-ção nítida entre o poder espiritual e o poder temporal, e pela independência progressiva deste último, relativamente ao primeiro. O enfraquecimento da autoridade religiosa é pro veitoso para a autoridade civil, cujos poderes aumentam. As noções de Estado e de pátria tornam-se preponderantcs; a an-tiga unidade assegurada pela autoridade religiosa desintegra--se. Surgem, então, dois grupos de homens que vão contribuir fortemente para definir e expandir as funções e o poder do Estado: são os ministros, a quem os reis deverão delegar uma parte crescente da sua autoridade, e os diplomatas que esta-belecem e manipulam as relações entre os Estados. Ministros e diplomatas adquirem a sua autoridade em detrimento dos generais, que passam a estar submetidos ao poder civil.

Mas o que acima de tudo caracteriza este tipo de sociedade, é o fato de ela constituir uma "idade crítica". Na ordem dos conhecimentos, o estado metafísico é uma etapa transitória, uma fase crítica que serve para pôr em questão os preconceitos religiosos estabelecidos, para os denunciar, e para preparar assim um estádio positivo. Este último estádio não poderia surgir diretamente do teológico sem esta crítica.

O mesmo se passa com a evolução social. A sociedade dos legistas serve para quebrar o império e a unidade da sociedade teocrática; é um período de desorganização, marcado por crises e revoluções. Mas tudo isso é necessário porque a sociedade positiva não poderia suceder imediatamente à sociedade militar, fundamentalmente religiosa, anticientífica e autoritária. Na história ocidental, o período crítico surgiu no século XIV, durou cinco séculos e deu lugar à Revolução Francesa, ao parlamentarismo e às nações modernas.

A sociedade industrial

A sociedade de transição dos legistas preparava a terceira etapa, em que a humanidade se encontra atualmente, a da sociedade industrial, correspondente ao estado positivo dos conhecimentos. As ciências positivas aplicadas à ordem natural juntamente com o aparecimento da indústria estão em vias de transformar as condições de trabalho. Segundo Comte, a indústria está "destinada a, sobre as inspirações da ciência, desenvolver a ação racional da humanidade sobre o mundo exterior". Ela é de certo modo a ponta de lança da mentalidade positiva, cuja influência tende a estender-se ao conjunto da sociedade. É através da indústria, e também pelo ensino das ciências positivas, que a mentalidade positiva se divulgará, provocando uma transformação radical das mentalidades.

Segundo Comte, a sociedade industrial ainda está no seu começo. Mas já é possível discernir os traços fundamentais que ela revestirá no futuro, em que a mentalidade científica se afirmará. Esta nova sociedade industrial, no início, poderá atravessar um período de perturbações sociais, se tal acontecer, é porque está enferma de uma especialização excessiva, donde resultam divisões e lutas entre diversos grupos de interesses (patrões e empregados, produtores e consumidores).

Com o progresso técnico e graças a uma melhor organização do trabalho e da sociedade, a especialização acabará por se extinguir. Mas são, sobretudo, a ignorância e a ausência de moral, que estão na origem dos conflitos atuais. Instruídas nas ciências positivas, as massas compreenderão e aceitarão as exigências da vida social e os imperativos da história. As ciências positivas e sobretudo a sociologia deverão, pois, suscitar uma nova moral, fundada já não em Deus, ou em ideias abstratas, mas no respeito da comunidade social e num melhor conhecimento da função de cada um e de cada grupo para o bem estar da coletividade. Graças à nova moral social, a sociedade industrial deixará de conhecer a guerra e acabará por desconhecer a revolução. No fim da sua vida, Comte chegou, no entanto, à conclusão de que a moral necessitava de um apoio religioso; fez-se então o iniciador de uma nova religião sem Deus, exclusivamente laica, fundada sobre o culto da humanidade. A sociedade industrial marcará o fim das grandes nações provenientes da época militar e frutos da ação dos diplomatas e dos ministros. As grandes nações acabarão numa multidão de pequenos países, contando cada um apenas alguns milhões de habitantes; estes países não se constituirão já em torno da ideia desatualizada de nação, mas em função da produção industrial.

O pensamento social de Comte

VEMOS COMO A EVOLUÇÃO DA SOCIEDADE industrial que Comte previa no começo do século XIX era profundamente diferente da que anunciavam os socialistas do seu tempo: Saint-Simon, Proudhon, Marx e Engels. Comte não acreditava que a desaparição da propriedade privada fosse uma ideia cientificamente válida e demonstrável; também não acreditava que essa desaparição pudesse implicar a formação de uma sociedade igualitária. Além disso, Comte não era um liberal, não partilhava o otimismo dos economistas que atribuíam à livre concorrência virtudes providenciais e mágicas.

Com efeito, Comte é já "o homem da organização". Anuncia a burocratização da sociedade industrial; prevê o papel crescente dos tecnocratas da indústria e do poder político; mais ainda, toma inteiramente partido por uma sociedade organizada, segundo a racionalidade dos planificadores e dos organizadores.

A influência da sociologia de Comte

AO CONTRÁRIO DO QUE ACONTECE relativamente às obras dos sociólogos socialistas, a obra de Comte não se inscreve numa corrente ideológica e militante. Contudo, ela não é por isso menos importante. Foi Comte quem primeiro expôs e sistematizou uma sociologia científica. A sua sociologia era, sem dúvida, exclusivamente influenciada pelo modelos das ciências da natureza; está também demasiado marcada pela reflexão filosófica, o que contribui para fazer dela uma sociologia de humanidade, mais do que das sociedades concretas; por último, Comte atribui à sociologia funções sociais excessivas. Porém, viu bem que a mentalidade técnico-científica passaria das ciências da natureza para as ciências humanas e sociais, c que a sociedade industrial recorreria largamente a estas últimas.

Comte foi o primeiro sociólogo a analisar em profundidade a sociedade industrial. Esta não lhe surgiu como uma sociedade burguesa ou capitalista como aconteceu para os sociólogos socialistas; foi a sociedade industrial, como tal, que ele procurou compreender e cujo futuro quis desenhar. Assim, uma longa tradição e não interrompida, liga Comte à sociologia contemporânea. Quanto às suas previsões no que toca à sociedade industrial, a história nem sempre lhe deu razão. Auguste Comte não analisou bem as hipóteses de sobrevivência da ideologia nacional; não soube medir o papel que o Estado iria desempenhar; exagerou o alcance histórico e a moral de instrução; a sociedade industrial não trouxe por fim a paz que ele esperava. Todavia, ele previu o impacto do espírito técnico-científico na mentalidade e na organização social da sociedade industrial, apercebeu-se da secularização da sociedade industrial e compreendeu as tendências organizadoras inerentes a este tipo de sociedade e predisse o lugar que ocupam hoje os tecnocratas.

Referências bibliográficas

AGUSTIN, San. *La ciudad di Dios*. Madrid: Apostolado De La Prensa, 1944, pp. 935.

AQUINO, Santo Tomás. *Suma teológica. Tomo I*. Madrid: La editorial catolica, 1947, pp. 1055.

ASCENSÃO, José de Oliveira. *O Direito: introdução e teoria geral*. *Coimbra*: Almedina, 7a. ed., 1993, pp. 654.

BOUTHOUL, Gaston. *Sociologia da política*. Tradução de Djalma Forjaz Neto. Amadora: Bertrand, 1976, pp. 164.

COSTA, António Firmino da. *O que é a sociologia*. Ed. Difusão Cultural, 1992, pp. 120.

CUVILLIER, A. *Manuel de Sociologie. Tomo I*. Paris: Presses universitaires de France, 1967, pp. 389.

DIAS, Manuel Peixe e outros. *Caminhos da razão: filosofia*, 12o. ano. Lisboa: Texto editora, 1991, 4a. ed. pp. 448.

KLINKE, Frederico. *História da filosofia*. Barcelona: Editorial Labor, 1947, pp. 932.

LAKATOS, Eva Maria. *Sociologia geral*. São Paulo: Atlas, 1992, 6a. ed., pp. 334.

LAZARSFELD, Paul. *A sociologia. Volume II*. Paris: Bertrand, 1970, pp. 259.

MORIN, Edgar. Sociologia. Publicações Europa-América, 1984, pp. 361.

MOSCOVICI, Serge. *Homens domésticos, homens selvagens*. Coleção Tempo aberto. Amadora: Union Génerale d'Éditions, 1974, pp. 281.

PLATÃO. A República. Tradução de Maria Lena da Rocha Pereira. Lisboa: Fundação Calouste Gulbenkian, 1987, 5a. ed., pp. 513.

VERGEZ, André e outros. *Histoires des philosophes ilustrée par les tex-tes*. Paris: Fernand Natham, 1966, 6a. ed., pp. 428.
WEINBERG, Meyer e Shabat, Oscar. *Society and man. Sociology Series*. USA: Prentice-Hall, 1956, pp. 782.

fonte Tiempos Text
papel Creme 80 g/m²
impressão IngramSpark
tiragem POD

www.ingramcontent.com/pod-product-compliance
Lightning Source LLC
Chambersburg PA
CBHW040200160726
48006CB00014B/1837